Regina Bestle-Körfer

Projekte in der Kita

Ich - Du - Wir

AF639152

HERDER

FREIBURG · BASEL · WIEN

Inhaltsverzeichnis

Im Interesse der besseren Lesbarkeit und weil Frauen in frühpädagogischen Berufen prozentual stärker vertreten sind als Männer, wird in diesem Buch stets die Leserin angesprochen und auch meist die weibliche Form verwendet, wenn von pädagogischen Fachkräften die Rede ist. Selbstverständlich sind damit aber immer Leser und Leserinnen bzw. männliche und weibliche Fachkräfte gleichermaßen gemeint.

www.herder.de

Illustrationen: Hans-Günther Döring
Coverkonzeption & Layout: Uwe Stohrer, Freiburg
Umschlaggestaltung, Satz und Gestaltung:
Arnold & Domnick, Leipzig

Herstellung: Medienhaus Plump, Rheinbreitbach
Printed in Germany

ISBN 978-3-451-39435-5

Vorwort

„Das Ich wird Ich erst am Du." (Viktor Frankl)

Die Fähigkeit, Gefühle bei sich selbst, bei anderen und in sozialen Beziehungen richtig einschätzen zu können, wird in der Psychologie als ‚Emotionale Intelligenz' bezeichnet. Menschen, die eine gute Ausstattung an emotionalen Kompetenzen in ihrer Kindheit entwickeln konnten, gelten als erfolgreicher in Ausbildung und Beruf. Emotionale beziehungsweise soziale Intelligenz umfasst die Fähigkeit zu Selbstwahrnehmung und Selbstmanagement (Selbstkontrolle eigener Gefühle und Handlungen) sowie die Fähigkeit zu Mitgefühl und Empathie (Einfühlungsvermögen in die Gefühle eines Gegenübers).

Die sozial-emotionale Entwicklung vollzieht sich bereits ganz am Anfang unseres Lebens im engen Kontakt mit unseren primären Bindungspersonen, mit deren Gefühlen wir über unsere Spiegelneuronen im Gehirn in Resonanz treten. Wir müssen mit Menschen kommunizieren, um zu überleben. Ohne zwischenmenschlichen Kontakt und emotionale Wärme ist kein Mensch überlebensfähig. Die sozial-emotionale Entwicklung vollzieht sich vom Ich zum Du. Erst wenn die Grundbedürfnisse nach Kontakt und menschlicher Nähe erfüllt sind, können wir uns entspannen und sind bereit, von und mit anderen zu lernen.

Empathie und Mitgefühl entwickeln sich weder automatisch, noch sind sie alleine durch Erziehung zu erreichen. Es bedarf einer Atmosphäre von Wertschätzung und Wohlwollen, in der Kinder sich angenommen fühlen mit all ihren Gefühlen und mit ihrem Eigensinn, in der sie Fehler machen, trotzig sein und über ihre Bedürfnisse sprechen dürfen. Eine Entwicklung vom Ich zum Du zum Wir geschieht langsam und braucht Zeit für Begegnung, Nähe und für den Aufbau von gegenseitigem Vertrauen.

In einem Ich-Du-Wir-Projekt können Kinder einen Zugang zu ihren Gefühlen, Vorlieben, Interessen und Bedürfnissen finden und mit anderen darüber in Kontakt und Austausch kommen. Sie entdecken Unterschiede und Gemeinsamkeiten, erleben Vielfalt und Verschiedenheit und erfahren ein Wir-Gefühl im gemeinsamen Erleben von spannenden Abenteuern. Ich wünsche Ihnen eine Projektzeit voller unvergesslicher und gemeinschaftlicher Erlebnisse!

Regina Bestle-Körfer

Pädagogische Einführung in die Projektarbeit

Projekte in der Kita

Wer die Gegenwart und Zukunft mitbestimmen und mitgestalten möchte, sollte von klein auf die Möglichkeit bekommen, seiner Neugier auf den Grund zu gehen und eigene kreative Ideen möglichst selbsttätig verwirklichen zu können. Zusammen mit anderen Kindern, mit Eltern und pädagogischen Fachkräften – in einem Dialog auf Augenhöhe – können Kinder sich ihre Lebenswelt auf vielfältige Art und Weise erschließen und begreifbar machen. Projektarbeit in der Kita, die sich über einen längeren, selbst gewählten Zeitraum mit einem Thema intensiv beschäftigt, setzt an den Bedürfnissen und Interessen der Kinder an und vermittelt ganzheitliche Lernerfahrungen: Entdeckendes Lernen, Exploration, Öffnung des Sozialraums (Besichtigungen, Ausflüge, Außenaktivitäten, Besuche usw.), Beobachten, Forschen, gemeinsames Reflektieren und Präsentieren bilden die Grundpfeiler einer auf Partizipation, Inklusion, Kooperation und Vielfalt basierenden Projektarbeit. Projektarbeit ist Bildungsarbeit, die den Selbstbildungsprozess des Kindes unterstützt. Dabei sollen Eigeninitiative, kreatives Potenzial, Selbständigkeit sowie Verantwortungsbereitschaft gefördert werden.

Die pädagogische Fachkraft

Im Rahmen der Projektarbeit wird die pädagogische Fachkraft die Eigentätigkeit der Kinder, im Sinne einer Prozessbegleitung, unterstützen. Kinder können so zu Gestaltern und Gestalterinnen ihres eigenen Lern- und Selbstbildungsprozesses werden. Das setzt ein Umdenken in der pädagogischen Haltung voraus. Projektarbeit in der Kita erfordert Mut, die vertrauten pädagogischen Wege für einen bestimmten Zeitraum zu verlassen und dem natürlichen Explorationsverhalten und der Neugier der Kinder mehr Raum zu geben. Die Fragen der Kinder nach dem Wieso, Weshalb, Warum werden von der pädagogischen Fachkraft durch anregungsreiche Projektangebote gefördert und fließen in die Projektgestaltung mit ein. Die wertschätzende Beziehungsarbeit bleibt, neben der gewünschten Unterstützung von Selbstständigkeit, Partizipation und Selbstbildung, auch während der Projektarbeit der wichtigste Grundpfeiler des Bildungserfolgs. Die Ermutigung, die Kinder von der pädagogischen Fachkraft auf diese Weise erfahren, bildet die Basis für die Entwicklung wichtiger Soft Skills wie Konflikt- und Teamfähigkeit, Empathie und emotionaler Impulssteuerung.

Impulsgeber für die Projektpraxis

Die vorliegenden Projektideen zum Thema Ich – Du – Wir verstehen sich als Impulsgeber für die Praxis. Sie beinhalten vielfältige Ideen zur Projektarbeit in Theorie und Praxis und wollen Ihre eigenen Projektideen aufgreifen, ergänzen und bereichern. Die Beschreibung von Lernzielen, Bildungsbereichen sowie Angaben zur Gruppengröße sollen dazu beitragen, Ihre Vorbereitungszeit im pädagogischen Alltag zu minimieren.

Projektpräsentation und Reflexion

Besonders wichtige Bestandteile der Projektarbeit in der Kita sind die Reflexion und Präsentation, jeweils im Anschluss an eine durchgeführte Aktion oder Projekteinheit. In den Reflexionsphasen sollen die Kinder mit gezielten Fragen angeleitet werden, miteinander ins Gespräch zu kommen. Dies stärkt sowohl ihre Sprachkompetenz als auch ihre sozial-emotionalen Kompetenzen, wenn sie lernen, anderen Kindern zuzuhören und sich selbst mitzuteilen. Eingeübte Frage- und Diskussionsrunden in jungen Jahren sorgen langfristig dafür, dass Kinder eine demokratische Gesprächskultur einüben, die für alle weiteren Bildungsprozesse in Schule und Beruf bedeutsam sind. Die abschließende Projektpräsentation (z. B. Familienfest, Ausstellung, Theateraufführung usw.), an der jedes Kind partizipieren sollte, schafft eine Öffentlichkeit für erreichte Projektergebnisse und verdeutlicht Ihr Engagement für die Vermittlung von Bildungsinhalten.

Einsatz von Bildmaterial

Auf 32 Illustrationen, die vom bekannten Bilderbuchillustrator Hans-Günther Döring liebevoll gezeichnet wurden, finden Sie Gesprächsanlässe, Sachinfos, Bastelanleitungen oder einen besonderen szenischen Blick auf Themenausschnitte rund um das Projektthema Ich – Du – Wir. Das farbenfrohe Bildmaterial kann mit den Kindern zusammen betrachtet und als Einstiegs- oder Reflexionsimpuls gezielt zum Einsatz kommen. So schaffen die Illustrationen Sprachanlässe und können zu einer alltagsintegrierten Sprachförderung beim regelmäßigen Betrachten und Erzählen beitragen.

Hintergrundinformationen

Mitgefühl und Empathie

Die Fähigkeit zu Mitgefühl und Empathie ist dem Menschen in die Wiege gelegt und damit angeboren. Bereits Säuglinge sind in der Lage, Stimmungen und Gefühle ihrer Eltern wahrzunehmen. Sie erleben ihre Selbstwirksamkeit, wenn ihr Lachen oder Weinen beantwortet wird. Damit sich diese Fähigkeit weiterentwickeln kann, sind empathische Bindungspersonen, die auf die Hilflosigkeit und Abhängigkeit des Säuglings wohlwollend reagieren, entscheidend. Ohne diese frühe empathische Prägung ist keine Erziehung zu Mitgefühl und Empathie möglich. Empathie und Mitgefühl gelingen nur in sozialen Interaktionen, die emotional ausgeglichen und möglichst stressfrei gestaltet werden. Die Interaktionen, in denen soziale Kompetenzen wie Mitgefühl und Empathie gelernt werden, sind vertrauensvolle, unterstützende Beziehungen. In stressfreien Interaktionen lernen Kinder, mit anderen zu interagieren, mimische und gestische Signale zu lesen, eigene und fremde Bedürfnisse zu erkennen, auf die Bedürfnisse anderer einzugehen und in bestimmten Situationen auch eigene Wünsche einmal aufschieben zu können.

Selbstregulierung und Stressreduktion

Die Grundvoraussetzung für das Erlernen von Empathie ist die Fähigkeit zur Selbstregulierung und Stressreduktion. Den individuellen Umgang mit Stress müssen wir ebenso lernen wie soziale Fertigkeiten. Kinder sind eher reizoffen und reagieren in Gruppeninteraktionen meist spontan emotional und wenig rational. Da können Reizüberflutungen zu unüberlegtem, negativem Verhalten führen. Ohne die Unterstützung von Erwachsenen sind Kinder oft noch nicht in der Lage, selbstregulativ Konflikte in Gruppen zu lösen. Die empathische Moderation verschiedener Sichtweisen in stressigen Gruppensituationen ermöglicht Kindern, durch den Austausch und die gegenseitige Mitteilung von Gefühlen und Bedürfnissen einen Perspektivwechsel zu erleben, an dem alle wachsen können. Kinder mit hohem Stresslevel benötigen eine besonders empathische Umgebung, in der sie ihren Stress regulieren und soziale Kompetenzen in Ruhe entwickeln können.

Gefühle wahrnehmen und Selbstreflektion

Kindern, die einen Zugang zu ihren Gefühlen gefunden und eine Sprache für ihre Gefühle entwickelt haben, fällt es deutlich leichter, auch gegenüber anderen empathisch zu sein. Bestärken Sie Kinder im Ich-Du-Wir-Projekt darin, über ihre Gefühle und Bedürfnisse zu sprechen und zu reflektieren: Ich sehe, du bist wütend. Möchtest du darüber sprechen? Wie fühlen sich die anderen in dieser Situation? usw. Während Sie die Gefühle der Kinder ansprechen, fühlen sie sich wahrgenommen und entwickeln Verständnis füreinander. Gefühle sind die Eintrittspforte in die soziale Interaktion. Es lohnt sich, Kindern den Zugang zu ihrer Gefühlswelt, möglichst ohne Bewertung, zu ermöglichen.

Ablauf des Ich-Du-Wir-Projekts

Aufbau und Inhalte

Vier Einführungsseiten und vier Ideen zum Projektabschluss bilden die Klammer für die vier Projekt-Kapitel: „Ich bin Ich", „Du bist Du", „Mitgefühl und Empathie", „Zusammen sind wir stark". Hier finden Sie Anregungen zur Beschäftigung mit den Themen Selbst- und Fremdwahrnehmung, mit der Bedeutung von Gefühlen und Bedürfnissen in der Kommunikation, mit der Wahrnehmung von Gemeinsamkeiten und Unterschieden zwischen verschiedenen Menschen, mit Interaktionen und Spielen, die den Zusammenhalt fördern und ein Wir-Gefühl erlebbar machen.

Jedes Kapitel umfasst sechs Projektkategorien, die in jedes Unterthema einführen und es vertiefen:

- Alle Kapitel starten mit einem **Einstiegsimpuls**, in dem die Kinder spielerisch an das Projektthema herangeführt werden.
- Im **Sozialen Rollenspiel** haben die Kinder die Möglichkeit, in die Rolle einer Zauberin oder eines Zauberers zu schlüpfen, sich als Ich oder Du zu fühlen und einen Rollenwechsel zu erleben, sich in eine Schnecke im Schneckenhaus hineinzuversetzen, gemeinsam eine Löwenjagd zu erleben.
- Die Öffnung der Kita nach außen in der Projektkategorie **Umwelt entdecken** ermöglicht den Kindern, im Rahmen des Projektthemas Erfahrungen außerhalb der Kita zu sammeln. Sie finden im Ich-Du-Wir-Projekt Anregungen für den Besuch eines Seniorenzentrums oder Mehrgenerationenhauses, für einen Besuch im Zoo und für einen Erlebnistag im Wald.
- Damit Kinder **mit allen Sinnen** lernen, bietet das Ich-Du-Wir-Projekt Anregungen zu einer Kitzelwoche, zu Vertrauens-, Nähe- und Gleichgewichtsspielen und einer Erlebnisgeschichte vom Bär im dunklen Wald.
- In der Projektkategorie **Kreatives Gestalten** können Sie anregen, in Tierrollen zu schlüpfen und Gänsemasken zu basteln, Traumhäuser zu modellieren, ein „Du und Ich"-Partnerbild zu drucken, im Wald ein Gemeinschaftswerk zu bauen, zum Abschluss ein Einladungsherz mit Stein zu basteln.
- Die Kategorie **Präsentation** ermöglicht den Kindern, Ergebnisse des Ich-Du-Wir-Projekts bei einer Aufführung (z. B. Kindermutmachlied, Märchentheater, Schwungtuch-Tanz usw.) im Rahmen eines Familienfestes in der Kita zu präsentieren.

Eltern einbeziehen (Elternbrief)

Mit dem folgenden Elternbrief und an einem Elternabend können Sie Eltern über das geplante Ich-Du-Wir-Projekt informieren.

Liebe Eltern!

Wir werden als soziale Wesen geboren und sind von klein auf darauf angewiesen, in der Gemeinschaft unserer Familien einen sicheren Ort zu finden, an dem wir unsere individuelle Einzigartigkeit und unser soziales Wesen entwickeln können. Zu Beginn des Lebens haben Kinder noch kein Bewusstsein ihrer selbst. Sie brauchen liebevolle Fürsorge und Kontakt. Erst zwischen dem 12. und 18. Lebensmonat beginnt ein Kleinkind, sein Spiegelbild im Spiegel zu erkennen und zwischen Ich und Du zu unterscheiden. Zwischen dem 2. und 3. Lebensjahr durchlebt ein Kleinkind die Trotzphase (auch Autonomiephase genannt), die seine Identitätsentwicklung ein großes Stück vorantreibt. Sie gilt als Meilenstein der sozial-emotionalen Entwicklung eines Menschen. Erst wenn die Ich-Fixierung der Trotzphase durchlebt wurde und sich die extremen Gefühlslagen beruhigt haben, ist ein Kleinkind zwischen dem 2. und 3. Lebensjahr in der Lage, sich in andere Menschen einzufühlen, zu erkennen, dass es verschiedene Standpunkte und Meinungen gibt und zu kooperieren. Bei schönen Nähe- und Gemeinschaftserlebnissen werden Bindungshormone (Oxytocin) ausgeschüttet, die uns entspannen und glücklich machen. Im Ich-Du-Wir-Projekt wollen wir den Fokus auf gemeinschaftliche Aktionen und Gemeinschaftserlebnisse richten, die Ihre Kinder in die Lage versetzen, Sozialkompetenzen zu erwerben. Zum Projektabschluss laden wir Sie zu einem Familienfest in die Kita ein. Lassen Sie sich von den Projektergebnissen, die Ihre Kinder präsentieren werden, überraschen!

Es grüßt Sie herzlich
Ihr Kita-Team

Das Ich-Du-Wir-Projekt

1. Einführung

Das Lied „Hallo, hallo! Schön, dass du da bist!"*

Lernziel: Einen Einstieg ins Ich-Du-Wir-Projekt finden

Bildungsbereiche: Sozial-emotionale Entwicklung – Singen und Sprache – Selbst- und Fremdwahrnehmung

Gruppengröße: Großgruppe

Aktion: Einen Innen- und Außenkreis bilden, so dass sich immer zwei Kinder gegenüberstehen. Alle singen zusammen das Lied und winken ihrem Partnerkind bei „Hallo, hallo!" zu, bei „Schön, dass du da bist" umarmen sie sich. Zehen und Fersen von rechtem und linkem Fuß abwechselnd auftippen und dann zum nächsten Kind weitergehen. Das Spiellied so lange wiederholen, bis sich alle Kinder persönlich begrüßt haben.

Reflexion: Wie kann eine Begrüßung noch aussehen? Wir geben uns die Hände, wir schauen uns in die Augen, wir tanzen zusammen, wir hüpfen zusammen usw.

Ausblick und Planung: Das Lied singen und neue Begrüßungsformen ausprobieren. Welche Begrüßungsform ist besonders lustig?

** von Karsten Glück, Simone Sommerland & Die Kita-Frösche (siehe auch bei Youtube unter: https://www.youtube.com/watch?v=lgF3YiYDoR4).*

1. Einführung

Gänsemarsch und Wackelgans

Lernziel: Berührungen zulassen und gestalten

Bildungsbereiche: Sprache und Kommunikation – Sozial-emotionale Entwicklung – Spielfreude

Gruppengröße: Klein- und Großgruppe

Aktion: Gänse zeigen ein ausgeprägtes Sozialverhalten. Sie leben in Familienverbänden und bilden Kolonien. Der Zusammenhalt sichert ihr Überleben, so auch der Gänsemarsch (Jungtiere folgen einer erfahrenen Gans zur Futterquelle, die sie alleine nicht finden würden). Ein Kind spielt den Gänseführer, die anderen hängen sich an. Alle gehen im Gänsemarsch, niemand darf verloren gehen.

Reflexion: Wie konntet ihr im Gänsemarsch gehen? Habt ihr zusammen Hindernisse überwunden oder einen Hügel bestiegen? Konntet ihr im Slalom zusammen gehen?

Ausblick und Planung: Sprechen und spielen Sie das Gedicht: Es geht die Wi-wa-Wackelgans und wackelt mit dem Wackelschwanz. Mit dem Schnabel kann sie schnattern, mit den Flügeln kann sie flattern. Schwimmen kann sie durch den Graben: Ei, die Gans, die möchte sie haben! *(zum Schluss ein Kind auswählen und umarmen).*

1. Einführung

Gänsemasken basteln

Lernziel: In Tierrollen schlüpfen

Bildungsbereiche: Feinmotorik und Geschicklichkeit – Kreativität und Fantasie – taktile Wahrnehmung

Gruppengröße: Klein- und Großgruppe

Aktion: Aus weißem, orangem Tonpapier und weißen Federn eine Gänsemaske basteln und aufsetzen, dazu das volkstümliche Lied „Wulle, Wulle Gänschen" singen (siehe auch bei Youtube unter: https://youtu.be/g_xFFtJkNm8). (Tipp: Die Maske nicht über die Augen ziehen, sondern nur auf den Kopf setzen!)

Reflexion: Wie fühlen sich die Gänse beim Barfußgehen? Wer geht gerne barfuß? Wie fühlen sich Sand, Steine und Gras unter den Füßen an?

Ausblick und Planung: Besuchen Sie einen Gänsebauernhof in der Nähe. Die Kinder lernen von Tieren in der Natur durch Beobachtung, Empathie, Identifikation und Nachahmung etwas über ihr Verhalten in Gruppen.

1. Einführung

Kuschelschäfchen

Lernziel: Rücksichtnahme einüben

Bildungsbereiche: Sozial-emotionale Entwicklung – Körperwahrnehmung und Konzentration

Gruppengröße: Groß- und Kleingruppe

Aktion: Verteilen Sie Decken im Raum. Die Kinder gehen zu einer ruhigen Musik im Raum spazieren. Erzählen Sie:

Stellt euch vor, ihr seid viele kleine Schafe. Ihr fühlt euch in eurer Schafherde wohl und sicher. Der Schäfer passt auf, dass kein Schaf verloren geht! (*Wenn die Musik aussetzt, zeigen Sie mit den Fingern eine beliebige Zahl. Die Kinder finden sich zu zweit, dritt, viert oder fünft zusammen. Sie setzen sich auf eine Decke und kuscheln sich aneinander.*)

Reflexion: Wie viele Schäfchen passen auf eine Decke? Wie fühlt sich Nähe an?
Wer mag es gerne eng und kuschelig? Wie könnt ihr zeigen, wenn es euch zu eng wird?

Ausblick und Planung: Betrachten Sie zusammen das Bilderbuch „10 kleine Schafe: Von 1 bis 10 im Schafumdreh'n" von Franziska Gehm und Marina Rachner.

2. Ich bin Ich

Die vier Farbenhäuser

Lernziel: Eigene Stimmungen und Gefühle wahrnehmen

Bildungsbereiche: Selbstwahrnehmung und Gefühle – Sprache und Kreativität

Gruppengröße: Klein- und Großgruppe

Aktion: Erzählen Sie die folgende Geschichte:

Es waren einmal vier Häuser – das rote, gelbe, blaue und das grüne Haus. Sie standen mitten im Wald. Eines Tages spazierte ein neugieriges Kind durch den Wald. Das rote Haus gefiel ihm besonders gut und es ging hinein. Im roten Haus fühlte es sich feurig und begann zu tanzen. Es tanzte so wild, dass es eine Abkühlung brauchte, und lief schnell nach nebenan. Wie erfrischend kühl es im blauen Haus war! Als es ihm kalt wurde, lief es schnell nach nebenan. Im gelben Haus bekam es gute Laune. Wie schön warm sich die Sonnenstrahlen anfühlten! Jetzt fehlte nur noch das grüne Haus. Es trat ein und staunte über die vielen grünen Pflanzen, Tiere und bunten Blumen. Von nun an lebte es jeden Tag nach Lust und Laune in einem der vier Farbenhäuser. *Regina Bestle-Körfer*

Reflexion: Wie fühlt sich das Kind im roten, gelben, blauen und grünen Haus? Was ist eure Lieblingsfarbe? In welchem Farbenhaus würdet ihr gerne leben?

Ausblick und Planung: Betrachten Sie zusammen das Buch „Das Farbenmonster" von Anna Llenas.

2. Ich bin Ich

Traumhäuser modellieren

Lernziel: Mit den Händen aktiv werden

Bildungsbereiche: Kreativität und Fantasie – Feinmotorik und taktile Wahrnehmung

Gruppengröße: Kleingruppe

Aktion: Stellen Sie Modelliermasse und entsprechendes Modellierwerkzeug zur Verfügung. Die Modelliermasse in den Händen etwas kneten und anwärmen, bevor mit dem Werkzeug Haus, Dach und Schornstein ausgeschnitten und geformt sowie Fenster und Türen eingraviert werden. Nach dem Trocknen können die Häuser bemalt und auf einem Tablett als Dorf oder Stadt zusammengestellt und präsentiert werden.

Reflexion: Wie sieht euer Zuhause aus? Wie viele Menschen wohnen in eurem Haus? In welcher Etage wohnt ihr mit eurer Familie? In welcher Etage ist euer Kinderzimmer?

Ausblick und Planung: Zeigen Sie Postkarten von den Traumhäusern des Künstlers Friedensreich Hundertwasser. Nähere Infos finden Sie in dem Buch „Träume ernten – Hundertwasser für Kinder" von Barbara Stieff.

2. Ich bin Ich

Ein Besuch im Zoo

Lernziel: Tiere beobachten und sich einfühlen

Bildungsbereiche: Sozial-emotionale Entwicklung – Sprache und Wortschatz – Beobachtung und Konzentration

Gruppengröße: Klein- und Großgruppe

Aktion: Tiere lösen positive Gefühle aus. Kinder, die mit Haustieren aufwachsen, profitieren von der emotionalen Bindung, die aus der Nähe erwächst. Auch mit wilden Tieren, die wir beobachten, gehen wir emotional in Resonanz. Bereiten Sie den Zoobesuch vor. Zeigen Sie Bildkarten von Zootieren. Jedes Kind wählt sein Lieblingstier aus, das es beim Zoobesuch beobachten möchte. Sprechen Sie über die Stärken der Tiere und ihre Lebensweisen.

Reflexion: Was sind eure Lieblingstiere im Zoo? Was gefällt euch an eurem Lieblingstier? Wie sieht es aus? Was kann es besonders gut?

Ausblick und Planung: Bereiten Sie ein Zoo-Karton-Theater vor. Jedes Kind schneidet den Umriss seines Lieblingstiers aus und klebt ihn an ein Holzstäbchen. Im Karton-Theater werden die Lieblingstiere der Kinder lebendig und bekommen eine Stimme.

2. Ich bin Ich

Zauberstein, Zauberblume, Zauberkleber

Lernziel: Sich überraschen lassen und abwarten lernen

Bildungsbereiche: Spielfreude und Spielspaß – Sprache und Wortschatz – Selbstwahrnehmung und Achtsamkeit

Gruppengröße: Klein- und Großgruppe

Aktion:

- **Zauberstein:** Ein Kind hält einen Zauberstein in den Händen, schüttelt ihn und ruft: „Zauberstein, Zauberstein, alle sollen … Frösche sein!" Die Kinder hüpfen wie Frösche. Ruft es: „Eins, zwei, drei, der Zauber ist vorbei!", wird der Zauberstein weitergegeben.
- **Zauberblume:** Geben Sie eine Zauberblume (ein geknülltes Chiffontuch) im Kreis herum. Die Zauberblume steckt im Verborgenen zwischen den Händen. Mit Hilfe unserer Zauberpuste und wenn wir ganz langsam die Hände öffnen, beginnt die Zauberblume zu „erblühen".

Reflexion: Was würdet ihr gerne zaubern, wenn ihr ein richtiger Zauberer oder eine richtige Zauberin wärt?

Ausblick und Planung: Mit einem Zauberstab einen imaginären **Zauberkleber** auf die Hände zaubern, während sich alle zur Musik bewegen. Beim Musikstopp rufen Sie z.B. „Zauberkleber Bauch". Alle Hände kleben am Bauch fest, bis die Musik weiterspielt.

2. Ich bin Ich

Kitzelwoche

Lernziel: Auf den eigenen Körper hören

Bildungsbereiche: Sinneswahrnehmung und Konzentration – Sprache und Wortschatz

Gruppengröße: Kleingruppe

Aktion: Ein Kind hält eine Feder in der Hand und geht im Kreis herum. Es wählt ein Kind im Kreis aus, kitzelt es mit der Feder an Hand, Bein, Nase o.Ä. und fragt: „Wann bist du kitzelig? Am Montag? Am Dienstag? Am Mittwoch?" usw. Das Kind antwortet immer mit „Nein" und versucht dabei nicht zu lachen. Wenn es geschafft hat, bis zum Sonntag nicht zu lachen, übernimmt es die Feder und setzt die „Kitzelwoche" beim nächsten Kind seiner Wahl fort.

Reflexion: Wer ist kitzelig? Wer nicht? Wie fühlt es sich an, wenn man gekitzelt wird? Wie, wenn man sich selbst kitzelt?

Ausblick und Planung: Bieten Sie „Kribbel-Kitzel-Tage" an, an denen die Kinder mit Massagespielen („Pizza backen", „Waschstraße", „Rückenmalen" s. S. 79) verwöhnt werden und sich entspannen können.

2. Ich bin Ich

„Ich mag …"-Büchlein

Lernziel: Vorlieben entdecken, Vielfalt wahrnehmen, Toleranz

Bildungsbereiche: Sprache und Literacy – Selbst- und Fremdwahrnehmung – Selbstbewusstsein

Gruppengröße: Kleingruppe

Aktion: Betrachten Sie zusammen das Bilderbuch „Ich mag … schaukeln, malen, Fußball, Krach" von Constanze von Kitzing – ein Papp-Bilderbuch für Kinder ab 3 Jahren. Darin finden Sie eine Auflistung der Gegenstände und Tätigkeiten, die Kinder im Allgemeinen gerne mögen. Ermuntern Sie die Kinder, über ihre Vorlieben zu sprechen und zu erzählen. Im Anschluss fertigen alle ein „Ich mag …"-Büchlein an, indem sie darin malen, Fotos, Gebasteltes und Ausgeschnittenes einkleben.

Reflexion: Was sind eure Lieblingsfarben, -hobbys, -tiere, -helden, -speisen, -berufe usw.? Wie heißt euer Lieblingskuscheltier? Wer ist euer Lieblingsmensch?

Ausblick und Planung: Die von den Kindern gestalteten „Ich mag …"-Büchlein in einem Schaukasten oder in einer Vitrine präsentieren.

3. Du bist Du

Ich schenke dir ein Licht

Lernziel: Sich mit anderen verbunden fühlen

Bildungsbereiche: Selbst- und Fremdwahrnehmung – Gefühle und Empathie – Werte und Rituale

Gruppengröße: Klein- und Großgruppe

Aktion: In diesem Ruhespiel verschenken wir, symbolisch für die Hinwendung zu einem anderen Menschen, ein Licht. Diese Kerzenmeditation eignet sich besonders für dunkle Tage, da sie ein wenig Licht ins Dunkel bringt. Halten Sie ein Marmeladenglas mit einem brennenden Teelicht in der Hand und bitten Sie die Kinder, es schweigend im Kreis weiterzugeben und bei der Übergabe ihrem Partnerkind in die Augen zu schauen.

Reflexion: Wie hat euch die Stilleübung gefallen? Wem habt ihr ein Licht geschenkt? Wie fühlt es sich an, etwas zu verschenken? Wie, ein Geschenk zu bekommen?

Ausblick und Planung: Singen Sie das Lied „Ich schenk' dir einen Regenbogen" (s. S. 74). Auch als Geburtstagslied gesungen vermitteln Text und Melodie eine wohltuende, wertschätzende Atmosphäre.

3. Du bist Du

Besuch im Seniorenzentrum oder im Mehrgenerationenhaus

Lernziel: Das Miteinander der Generationen erleben

Bildungsbereiche: Gesellschaft und Werte – Sozial-emotionale Entwicklung

Gruppengröße: Kleingruppe

Aktion: Betrachten Sie zusammen die Bilder und lassen Sie die Kinder dazu erzählen.

- Ein alter Mann geht mit seinen Enkelkindern spazieren und führt seinen Hund an der Leine.
- Eine alte Frau liest einem Kind ein Bilderbuch vor.
- Alt und Jung musizieren und basteln zusammen.

Reflexion: Wer ist auf den Bildern jung, wer ist alt? Wen habt ihr bei eurem Besuch kennengelernt? Was habt ihr zusammen erlebt?

Ausblick und Planung: Feiern Sie in der Kita ein Mehrgenerationenfest, bei dem Alt und Jung sich begegnen und gemeinsam Freude erleben.

3. Du bist Du

Vertrauensspiele

Lernziel: Sich in den anderen einfühlen

Bildungsbereiche: Sinneswahrnehmung und Bewegung – Selbst- und Fremdwahrnehmung – Empathie und Kooperation

Gruppengröße: Klein- und Großgruppe

Aktion:

- **Spiegelspiel:** Zwei Kinder stehen sich gegenüber; ein Kind ist der Spiegel und ahmt die Körperbewegungen, ggf. auch die Mimik des anderen Kindes nach.
- **Auto und Fahrer:** Zwei Kinder „durchfahren" zusammen einen aufgebauten Flaschenparcours, indem sich das „Fahrerkind" an das „Autokind" an den Schultern anhängt.
- **Luftballontanz:** Zwei Kinder bewegen sich zur Musik mit einem Luftballon, den sie sich z. B. zwischen Bauch, Stirn oder Rücken klemmen, ohne ihn zu verlieren.

Reflexion: Was ist Vertrauen? Wie fühlt sich Vertrauen an? Wem könnt ihr vertrauen?

Ausblick und Planung: Das Spiel „Blindenführer" eignet sich für ältere Kinder: Ein Kind bekommt die Augen verbunden. Das andere Kind nimmt es an die Hand und führt es vorsichtig und mitfühlend über einen markierten Weg.

WiR
ICH
DU

3. Du bist Du

Geschichte vom „Kleinen Du und kleinen Ich"

Lernziel: Einen Perspektivwechsel erleben

Bildungsbereiche: Sprache und Literacy – Sozial-emotionale Entwicklung – Empathie

Gruppengröße: Kleingruppe

Aktion: Erzählen Sie die folgende Geschichte:

Das kleine Du hockt unter dem Tisch. Es ist traurig, weil sein Freund, das kleine Ich, nicht mit ihm spielen möchte. Das kleine Du denkt: „Aber wir sind doch Freunde und Freunde spielen immer zusammen." Das kleine Ich sitzt am Tisch und isst rote Erdbeeren. Dann krabbelt es unter den Tisch und schenkt dem kleinen Du eine zuckersüße, saftig-rote Erdbeere. „Die habe ich für dich aufbewahrt!" Da ist das kleine Du wieder glücklich! *Regina Bestle-Körfer*

Reflexion: Warum ist das kleine Du traurig? Warum möchte das kleine Ich gerade nicht spielen? Wie wird das kleine Du wieder glücklich?

Ausblick und Planung: Lesen Sie die Geschichte vom „Kleinen Du und kleinen Ich" vor. Stellen Sie in die Kreismitte Tisch und Stuhl. Immer zwei Kinder spielen das „Kleine Ich und kleine Du". Die Kinder erfahren, dass jeder einzigartig ist und dass auch Freunde unterschiedliche Bedürfnisse und Gefühle haben dürfen.

IDA UND AMIR
ANNA UND MAXIM
TOM UND SINA

3. Du bist Du

„Du und Ich"-Fußabdruck

Lernziel: Interesse an Zusammenarbeit wecken

Bildungsbereiche: Kreativität und Fantasie – Feinmotorik und Geschicklichkeit – Sprache und Kommunikation

Gruppengröße: Kleingruppe

Aktion: Stellen Sie mit den Kindern in Partnerarbeit ein „Du und Ich"-Fußabdruck-Bild her. Lassen Sie die Kinder selbst entscheiden, welche Farben das „Du und Ich" als Fußabdruck bekommen sollen und wer von beiden das Ich und das Du darstellt. Was möchte das Ich sein, was das Du? Eine Biene, ein Marienkäfer, ein Küken, ein Pinguin oder doch lieber ein Schneemann?

Reflexion: Sehen das Du und das Ich gleich aus, so wie Zwillinge? Oder sehen sie verschieden aus?

Ausblick und Planung: Sprechen oder singen Sie mit den Kindern den Abzählvers „Ich und Du, Müllers Kuh, Müllers Esel, das bist du. Das bist du noch lange nicht, sag mir erst, wie alt du bist. 1, 2, 3, 4, 5 ... ist kein Wort und du bist fort". (Siehe auch: Karsten Glück, Simone Sommerland & Die Kita-Frösche bei Youtube unter https://www.youtube.com/watch?v=4rvHE9QVPLE).

BÄR
VOGEL
TOM

3. Du bist Du

So groß bist du, so groß bin ich

Lernziel: Messen und vergleichen, Unterschiede und Gemeinsamkeiten wahrnehmen

Bildungsbereiche: Sprache und Kommunikation – Selbst- und Fremdwahrnehmung – Sachwissen

Gruppengröße: Klein- und Großgruppe

Aktion: Die Kinder stehen Rücken an Rücken und vergleichen: Wer ist größer, wer ist kleiner? Mit einem Wollfaden ausmessen. Den Faden aufwickeln, aufkleben – Name, Größe, Alter der Kinder ergänzen.

Kleiner Vogel, großer Bär!

Du bist groß und ich bin klein,
können wir beide Freunde sein?
Du bist klein und ich bin groß,
komm wir bauen uns ein Floß.

Ich bin klein und du bist groß,
mir fehlt ein kleines bisschen bloß.
Ich bin groß und du bist klein,
zusammen sind wir nicht allein.

Regina Bestle-Körfer

Reflexion: Wer ist größer in eurer Familie, Papa oder Mama? Bruder oder Schwester? Opa oder Oma?

Ausblick und Planung: Die unterschiedlichen Größen der Kinder mit bunten Wollfäden und einem Kinderfoto auf einer Wand präsentieren.

4. Mitgefühl und Empathie

Der Riese mit dem Herz aus Stein

Lernziel: Erfahren, wie sich Mitgefühl anfühlt

Bildungsbereiche: Sprache und Literacy – Mitgefühl und Empathie – Darstellendes Spiel und Kreativität

Gruppengröße: Klein- und Großgruppe

Aktion: Bereiten Sie in der Kreismitte einen kleinen Steinhaufen vor und setzen eine Figur (Fee mit rotem Kleid) zwischen die Steine. Legen Sie außerdem ein rotes Herz auf die Steine. Ein Kind spielt den Riesen. Es trägt ein Steinherz mit sich. Lesen Sie das Märchen vom Riesen mit dem Herz aus Stein (s. S. 76) vor. Das Riesenkind spielt die Befreiung der Blumenfee aus dem Felsspalt.

Reflexion: Warum haben alle Angst vor dem Riesen? Warum hat der Riese der kleinen Blumenfee geholfen? Wann habt ihr jemandem geholfen und wobei?

Ausblick und Planung: Die Kinder sammeln Steine und legen Steinherzen ins Gras. Wer mag, schmückt es mit bunten Blütenblättern. Eine kleine Fee aus Naturmaterial (Rinde, Holz, Gras, Blüten) dazulegen.

PAUL

4. Mitgefühl und Empathie

Jeder ist verschieden und doch sind alle gleich

Lernziel: Körperschema entwickeln

Bildungsbereiche: Kreativität und Fantasie – Körperwahrnehmung und Körpergefühl – Sprache und Emotionen

Gruppengröße: Kleingruppe

Aktion:
- **Körperumriss:** Ein Kind legt sich auf ein großes Blatt Papier, das Partnerkind umrahmt seinen Körper mit einem Stift. Danach wird getauscht. Den Körperumriss ausschneiden. Ein Gesicht mit Augen, Nase, Mund, Hose, Pullover malen. Die Körperumrisse in Augenhöhe der Kinder aufhängen und mit Namen versehen.

Reflexion: Was ist gleich an unserem Körper? (Gesicht, Arme, Beine, Rücken, Bauch usw.) Was ist verschieden? (Körpergröße, Augen-, Haar- und Hautfarbe usw.)

Ausblick und Planung: Fertigen Sie Gesichter auf runden Papptellern mit Gefühlsausdrücken an und heften sie an die Körperumrisse. Die Kinder beschäftigen sich mit Mimik und Gefühlen (weitere Ideen finden sich auch im Band: „Projekte in der Kita – Gefühle"). Mal sind wir traurig, froh, wütend, ängstlich usw.

4. Mitgefühl und Empathie

Das Bewegungslied „Ich bin ’ne kleine Schnecke“*

Lernziel: Mitgefühl entwickeln

Bildungsbereiche: Sozial-emotionale Entwicklung – Gefühle und Empathie – Singen und Spielen

Gruppengröße: Klein- und Großgruppe

Aktion: Die Kinder fühlen sich in die Schnecke ein, die alleine in ihrem Haus lebt. Sie würde so gerne mit anderen spazieren gehen. Dafür bilden die Kinder einen Kreis. Das Schneckenkind steht in der Mitte und ruft in jeder Strophe ein Kind in den Kreis hinein. Die Kinder fassen sich an den Händen und „wickeln“ sich in einer Spiralform um das Schneckenkind herum, bis alle Teil des Schneckenhauses geworden sind.

Reflexion: Wie fühlt sich die Schnecke in ihrem Schneckenhaus? Fühlt sie sich alleine? Oder geborgen? Wie findet die Schnecke Freunde?

Ausblick und Planung: Über einen Karton eine Decke legen und ein großes gemaltes Schneckenhaus aufkleben. Die Kinder nutzen das Schneckenhaus als Rückzugsort für sich alleine oder laden immer ein Kind in ihr Schneckenhaus ein.

* *(siehe auch bei Youtube unter: https://www.youtube.com/watch?v=C5pZw3NVZMM).*

4. Mitgefühl und Empathie

Der Bär im dunklen Wald

Lernziel: Mitgefühl entwickeln und helfen

Bildungsbereiche: Neugier und Sachwissen – Sprache und Wortschatz – kreatives Gestalten

Gruppengröße: Kleingruppe

Aktion: Erzählen Sie die folgende Geschichte:

Es war einmal ein großer Bär, der hatte vor nichts Angst. Bis zu diesem Abend, als er in den Wald ging, um ein paar Beeren zu essen. Die schmeckten ihm so gut, dass er nicht genug bekommen konnte. Sein Bärenbauch wurde dick und rund und er wurde plötzlich sooo müde… Als er erwachte, war es stockfinster. Der Bär wollte zu seiner Bärenhöhle laufen, aber er fand den Weg nicht mehr. Er stolperte über eine Baumwurzel und stieß sich den Kopf an einem Ast. Verzweifelt rief er um Hilfe! Plötzlich sah er ein winziges Licht. „Kannst du mir helfen?", fragte der Bär. „Na klar, ich bin ein Glühwürmchen." Das winzige Glühwürmchen war seine Rettung, es führte den Bär sicher zur Höhle zurück. Er bedankte sich und brummte: „Ein winziges Licht ist stärker als ein großer Bär, kann es das geben?" *Regina Bestle-Körfer*

Reflexion: Wie fühlt sich der Bär im dunklen Wald? Welche Hilfe braucht der Bär? Wer hat ihn gerettet?

Ausblick und Planung: Spielen Sie die Geschichte mit den Kindern in einem abgedunkelten Raum. Ein Kind spielt das Glühwürmchen mit einer Taschenlampe und führt die Bärenkinder durch den Raum, evtl. um Hindernisse herum.

4. Mitgefühl und Empathie

Zauberhände

Lernziel: Berührungen in sozialen Beziehungen gestalten

Bildungsbereiche: Sinneswahrnehmung und Körperkontakt – Entspannung

Gruppengröße: Klein- und Großgruppe

Aktion: Massagespiele wirken sich wohltuend auf die Sinnesreize der Haut aus und tragen zu einem entspannten Miteinander bei.

- **Sonnen-Hand-Massage:** Die Kinder „malen" abwechselnd mit dem Zeigefinger Sonnen in die Handinnenfläche, so viele sich das Partnerkind wünscht.
- **Duft-Hand-Massage:** Mit einer duftenden Creme die Handinnenflächen massieren.
- **Heiße Hände:** Die Kinder schließen die Augen, lauschen leiser Musik. Reiben Sie die Hände aneinander, bis sie warm sind, und legen sie den Kindern kurz auf Arme, Beine oder Hände.

Reflexion: Wo habt ihr die Wärme der Hand gefühlt? Wie fühlt sich eine Massage an?

Ausblick und Planung: Eine Hand-Massage mit Pinsel oder Feder ausprobieren oder eine Regentropfen-Massage mit den Fingerkuppen auf dem Rücken.

4. Mitgefühl und Empathie

Märchentheater

Lernziel: Ein Gemeinschaftsgefühl entwickeln

Bildungsbereiche: Selbstbewusstsein und Fantasie – Sprache und Literacy – Kreativität und ästhetische Bildung

Gruppengröße: Klein- und Großgruppe

Aktion: Planen Sie zum Märchen vom Riesen mit dem Herz aus Stein (s. S. 78) eine Theateraufführung. Ein Kind spielt den Riesen, ein anderes die Blumenfee mit Blütenkleid und aufgenähten roten Herzen. Das Märchenspiel durch weitere Rollen ergänzen, z. B. Bär, Maus, Fledermaus und andere Tiere. Ein Kind spielt die Sonne. Für das Bühnenbild eine Felsenhöhle aus Kartons oder Schaumstoffwürfeln auftürmen, im Hintergrund ein gemaltes Bühnenbild. Ergänzen Sie das Märchen durch kleine Wortbeiträge, die die Kinder auswendig lernen.

Reflexion: Welche Rolle im Märchentheater gefällt euch besonders gut? Wie fühlt ihr euch in eurer Rolle auf einer Bühne?

Ausblick und Planung: Um älteren Menschen eine Freude zu machen, führen die Kinder ihr Märchentheater in einer Seniorenresidenz auf.

5. Zusammen sind wir stark

Kindermutmachlied (S. 76)

Lernziel: Verbundenheit mit anderen Menschen empfinden

Bildungsbereiche: Sozial-emotionale Entwicklung – Musik und Sprache – Werte-Erziehung

Gruppengröße: Klein- und Großgruppe

Aktion: Das Lied singen und pantomimisch darstellen: „Ich mag dich, du" *(auf sich selbst und andere zeigen)*; „Ich find dich ehrlich gut" *(beide Hände auf die Brust legen)*; „eine Gänsehaut" *(mit den Fingerspitzen kribbeln)*; „und auch ein bisschen Mut" – *(mit Daumen und Zeigefinger „ein bisschen" andeuten, beide Oberarmmuskeln anspannen)*; „Ich fühl mich nicht mehr klein" *(Arme hoch- und runterheben)*; Refrain *(klatschen)*; „Komm, geh mit mir" *(zu zweit oder dritt an der Hand gehen)*; „Weil ich mich freu" *(hüpfen)*; „Ich wär so gern dein Freund" – *(umarmen)*.

Reflexion: Wobei können wir uns helfen? Wie kann ich sagen, wenn ich Hilfe brauche?

Ausblick und Planung: Aktivitäten ausprobieren, die man besser zusammen als alleine schafft: z.B. wippen, schaukeln, über Baumstämme balancieren, Schatzsuche, Nachtwanderung usw.

5. Zusammen sind wir stark

Löwenjagd

Lernziel: Zusammen mutig sein

Bildungsbereiche: Sozial-emotionale Entwicklung – Sprache und Kommunikation – Spielfreude und Gemeinschaftsgefühl

Gruppengröße: Klein- und Großgruppe

Aktion: Spielen Sie mit den Kindern die folgende Bewegungsgeschichte:

Gehen wir heut auf Löwenjagd? Ja, wir gehen auf Löwenjagd! Wir kommen zu einem großen Wald. Wir können nicht drüber, wir müssen mitten durch. *(Säg, säg, säg, …)* geschafft! *Gehen wir …?* Wir kommen zu einem hohen Berg. Wir kommen nicht drüber, wir müssen mittendurch. *(Buddel, buddel, buddel,…)* geschafft! *Gehen wir …?* Wir kommen zu einem großen See. Wir können nicht drüber, wir müssen mitten durch. *(Schwimm, schwimm, schwimm, …)* geschafft! *Gehen wir …?* Da vorne ist eine Höhle. Es ist ganz dunkel. Was ist das? Ein weiches Fell! Ein buschiger Schwanz! Vier Beine! Oh Schreck! Der Löwe! Nichts wie weg! Wir drehen uns um! Wir laufen zurück! Durch den See *(schwimm …)*, durch den Berg *(buddel …)*, durch den Wald *(säg …)*. Geschafft! Gerettet! *(Alle umarmen sich.)*

Reflexion: Wie fühlen sich Angst und Mut an? Was hilft euch, wenn ihr Angst habt?

Ausblick und Planung: Betrachten Sie das Bilderbuch „Das kleine Wir" von Daniela Kunkel, welches das Wir-Gefühl stimmungsvoll beschreibt.

5. Zusammen sind wir stark

Walderlebnistag

Lernziel: Gemeinschaft in der Natur erleben

Bildungsbereiche: Sozial-emotionale Entwicklung – Teamarbeit und Gemeinschaftsgefühl

Gruppengröße: Klein- und Großgruppe

Aktion: Bieten Sie Waldspiele an, die Kooperation und Zusammenhalt fördern:

- **Tausendfüßler:** Mit seinen rund 200 Beinen krabbelt er, ohne zu stolpern. Wie er das schafft, probieren die Kinder in einer Polonaise über Stock und Stein aus.
- **Blätterregen:** Blätter auf ein Schwungtuch legen und durch die Luft wirbeln lassen.
- **Barfußpfad:** Einen Pfad aus Moos, Laub, Erde usw. anlegen, den die Kinder barfuß erleben.
- **Waldschätze:** Die Kinder verpacken Waldschätze (z.B. Zapfen, Schneckenhaus) zum Verschenken in einem großen Blatt, mit Naturbast umwickeln.
- **Erzählbaum:** Zusammen einen großen Baum aussuchen, darunter Geschichten erzählen

Reflexion: Was hat euch am Walderlebnistag besonders gut gefallen? Wo habt ihr gut zusammengearbeitet? Was hat Spaß gemacht

Ausblick und Planung: Fotografieren Sie die Aktivitäten im Wald und erstellen eine Walderlebniscollage.

5. Zusammen sind wir stark

Riesennest, Piratenschiff und Waldrestaurant

Lernziel: Zusammen kreativ sein und Abenteuer erleben

Bildungsbereiche: Kreativität und Fantasie – Teamarbeit und Gemeinschaftsgefühl

Gruppengröße: Klein- und Großgruppe

Aktion: An einem Walderlebnistag kreativ werden. Aus gesammeltem Holz ein **Riesennest** oder ein **Piratenschiff** bauen und ein **Waldrestaurant** eröffnen. Die selbstgebauten Gemeinschaftswerke eignen sich für fantasievolle Rollenspiele, die Kinder im Wald die Zeit vergessen lassen.

- **Riesennest:** Alle sammeln Äste und Zweige und schichten sie in einer Kreisform, bis ein Riesennest zum Hineinsetzen entsteht.
- **Piratenschiff:** Um einen umgefallenen Baumstamm aus Stöcken und Ästen eine Schiffform bauen. Dazu einen Mast mit Piratenfahne aufstellen.

Reflexion: Wie habt ihr zusammengearbeitet? Wer hat Holz gesammelt? Wer hat gebaut?

Ausblick und Planung: Waldspeisen, wie Blätterlasagne, Rindenauflauf aus Moos, Tannennadeln, Blättern, Walderde usw. herstellen und im **Waldrestaurant** servieren.

5. Zusammen sind wir stark

Zusammen im Gleichgewicht

Lernziel: Den Gleichgewichtssinn trainieren

Bildungsbereiche: Sinneswahrnehmung und Gleichgewicht – Gemeinschaftserleben und Kooperation

Gruppengröße: Klein- und Großgruppe

Aktion:

- **Luftballonreise:** Einen aufgeblasenen Luftballon auf dem Boden sitzend zwischen beide Füße klemmen, im Kreis weiterreichen, ohne die Hände zu benutzen.
- **Kissenreise:** Die Kinder liegen auf dem Rücken eng nebeneinander und heben die Beine. Ein Kind bekommt ein Kissen auf die Füße gelegt und gibt es weiter.
- **Bäume im Wald:** Die Kinder stehen im Kreis. Sie fassen sich an den Händen. Alle stellen sich auf ein Bein und heben die Hände. Wie lange bleiben wir zusammen im Gleichgewicht?

Reflexion: Wie haben euch die Gleichgewichtsspiele gefallen? Was war leicht? Was war schwer?

Ausblick und Planung: Wer schafft es, zu zweit über einen Baumstamm zu balancieren und aneinander vorbeizukommen, ohne hinunterzufallen?

5. Zusammen sind wir stark

Schwungtuch-Tanz

Lernziel: Aufeinander achtgeben

Bildungsbereiche: Körperwahrnehmung und Konzentration – Spielfreude und Kooperation

Gruppengröße: Klein- und Großgruppe

Aktion: Die älteren Kinder stehen um ein großes Schwungtuch und fassen es an. Sagen Sie die Bewegung an: bei „Wir machen uns groß!" das Tuch heben, bei „Wir machen uns klein!" das Tuch senken. Gelingt das gleichzeitige Heben und Senken, können Sie einen Schwungtuch-Tanz zu einer langsamen Musik choreografieren: Zwei Kinder (oder die jüngeren Kinder) laufen unter dem Tuch hindurch und tauschen die Plätze, während es oben ist; sie legen sich in der Mitte auf den Boden, wenn es sich absenkt; sie laufen außen um das Schwungtuch herum usw.

Reflexion: Hat euch der Schwungtuch-Tanz Spaß gemacht? Wie gefällt es euch, wenn am Ende alle zusammen unter dem Tuch verschwinden?

Ausblick und Planung: Den Schwungtuch-Tanz am Familienfest in der Kita aufführen.

EINLADUNG

6. Abschluss

Einladungsstein mit Herz basteln

Lernziel: Kreativer Umgang mit Stein, Papier, Farbe, Perlen

Bildungsbereiche: Kreativität und ästhetisches Gestalten – Feinmotorik – Feste und Feiern

Gruppengröße: Kleingruppe

Aktion: Stellen Sie mit den Kindern einen kreativen Bezug zum Märchentheater vom Riesen mit dem Herz aus Stein (s. S. 76) her. Jedes Kind erhält ein Stück Draht (ca. 25–30 cm Länge) und zieht kleine rote Holzperlen auf. Die beiden Drahtenden zur Schlaufe verzwirbeln und die Perlenschlaufe zu einer Herzform biegen. Die beiden Drahtstränge zur Hälfte umeinanderwickeln, die offenen Drahtenden um einen Stein wickeln und die Drahtüberstände abzwicken. Den Einladungsstein an die Eltern zusammen mit einer Einladungskarte (s. u.) zur Märchenaufführung verschenken.

Reflexion: Wie groß und schwer ist euer ausgewählter Einladungsstein? Wir wiegen alle Steine und vergleichen ihr Gewicht, bevor wir damit basteln.

Ausblick und Planung: Einladungskarten basteln: rosarote Fingerabdrücke um eine Herzschablone herum stempeln, Datum und Uhrzeit der Aufführung eintragen.

6. Abschluss

Bühnenaufführung von Spielliedern und Märchentheater

Lernziel: Sein Herz beim Singen öffnen

Bildungsbereiche: Rhythmus und Musik – Sozial-emotionale Entwicklung – Feste und Feiern

Gruppengröße: Klein- und Großgruppe

Aktion: Üben Sie mit den Kindern folgende Lieder aus dem Ich-Du-Wir-Projekt ein und präsentieren sie als Einstimmung in das Märchentheater auf einer Bühne:

- Zur Begrüßung: „Hallo, hallo! Schön, dass du da bist!" (s.S. 11)
- Zur Einstimmung auf das Märchentheater: Kindermutmachlied (s.S. 76) mit Körperbewegungen wie S. 55.
- Zum Abschluss, wenn das Märchentheater zu Ende ist: „Ich schenk' dir einen Regenbogen" (s.S. 74). In der 4. Strophe bei „Ich schenk dir einen Kieselstein …" schenken die Kinder ihren Eltern einen Kieselstein mit aufgemaltem Herz.

Reflexion: Was können wir alles verschenken? Eine Wolke? Ein liebes Wort? Ein Lächeln? Ein Lied? Einen Kieselstein? Eine Blume? Einen Regenbogen?

Ausblick und Planung: Sprechen Sie über Kinder, die es nicht so gut haben, und widmen die Theateraufführung Kindern in Not und sammeln Spendengelder.

6. Abschluss

Gedicht „Ein Herz aus Stein"

Lernziel: Auf einer Bühne Selbstbewusstsein entwickeln

Bildungsbereiche: Ästhetische Bildung – Sprache und Literacy – Feste und Feiern

Gruppengröße: Großgruppe

Aktion: Acht Kinder sprechen vor der Aufführung zusammen ein Gedicht – einen Prolog (Vorwort), das als Einführung in das Märchen dient.

1. Kind: *„Es war einmal ein Riese"*
2. Kind: *„Mit einem Herz aus Stein."*
3. Kind: *„Es war so schwer geworden!"*
4. Kind: *„Er lebte ganz allein!"*
5. Kind: *„Wer kann es erleichtern?"*
6. Kind: *„Das Riesenherz aus Stein?"*
7. Kind: *„Es können Sonnenstrahlen!"*
8. Kind: *„Oder die Blumenfee sein!"*

Reflexion: Philosophieren Sie in der Natur an einem schönen Ort über den Inhalt des Gedichts: Was bedeutet es, wenn man jemandem sein Herz ausschüttet, wenn einem ein Stein vom Herzen fällt, sein Herz zu verschenken, sein Herz sprechen zu lassen?

Ausblick und Planung: Jeden vorgetragenen Satz mit einem passenden Bild (Riese, graues Steinherz, Steinhöhle, Sonnenstrahlen, Blumenfee), die von acht anderen Kindern dem Publikum gezeigt werden, unterstreichen.

6. Abschluss

Familienfest in der Kita

Lernziel: Ergebnisse aus dem Ich-Du-Wir-Projekt mitteilen

Bildungsbereiche: Bewegung und Spielfreude – Sprache und Wortschatz – Feste und Feiern

Gruppengröße: Großgruppe

Aktion: Führen Sie das Märchen vom Riesen mit dem Herz aus Stein am Familienfest in der Kita auf (s. S. 53). Nach der Theateraufführung können die Kinder an einem Basteltisch Herzen basteln, Herzen aus Plätzchenteig ausstechen, gebastelte Herzen oder Herzballons auf einem Schwungtuch fliegen lassen, eine schöne Hand-Massage mit einer duftenden Creme bei ihrer Familie durchführen (s. S. 51), einen Luftballon- oder Schwungtuch-Tanz (s. S. 65), eine Löwenjagd (s. S. 57), eine Polonaise (s. S. 59), ein Schnecken-Bewegungslied (s. S. 47) zusammen erleben und vieles mehr.

Reflexion: Welche Aktion im Ich-Du-Wir-Projekt hat euch besonders gut gefallen? Was habt ihr im Ich-Du-Wir-Projekt gelernt?

Ausblick und Planung: Eine Fotowand im Eingangsbereich der Kita oder ein digitales Fotoalbum zur Präsentation der Projektergebnisse erstellen.

Anhang

Lied: Ich schenk' dir einen Regenbogen

Melodie und Text: Dorotheé Kreusch-Jakob

www.DorotheeKreusch-Jacob.com; Verlag MUSICJUSTMUSIC ® GmbH; www.musicjustmusic.com

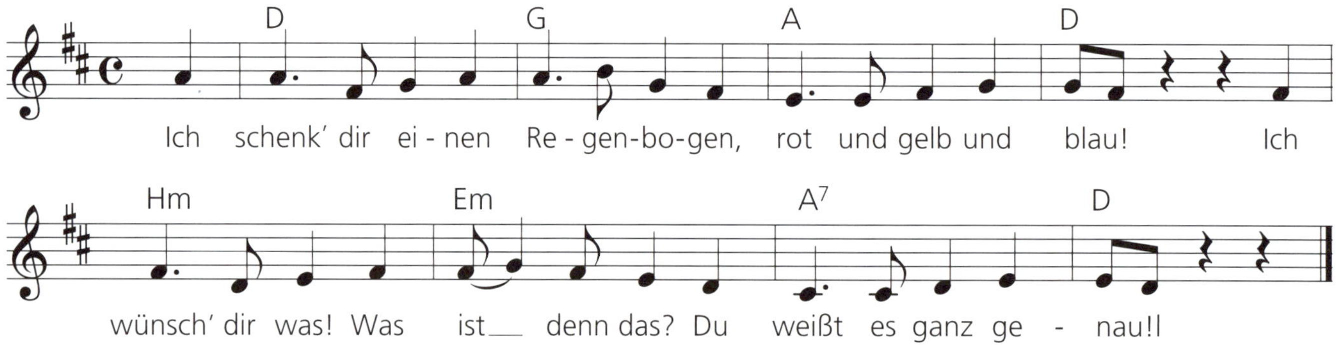

2. Ich schenk' dir hundert Seifenblasen, die spiegeln mein Gesicht.
Ich wünsch' dir was! Was ist denn das?
Nein – ich verrat's dir nicht!

3. Ich schenk' dir eine weiße Wolke hoch am Himmel dort.
Ich wünsch' dir was! Was ist denn das?
Es ist ein Zauberwort.

4. Ich schenk' dir einen Kieselstein, den ich am Wege fand.
Ich wünsch' dir was! Was ist denn das?
Ich schreib's in deine Hand.

5. Ich schenk' dir einen Luftballon, er schwebt ganz leicht empor.
Ich wünsch' dir was! Was ist denn das?
Ich sag's dir leis ins Ohr.

6. Ich schenk' dir einen Kuchenherz, drauf steht: Ich mag dich so!
Ich wünsch' dir was! Was ist denn das?
Jetzt weißt du's sowieso!

Kindermutmachlied

Melodie und Text: Andreas Ebert © 1979 SCM Hänssler, 71087 Holzgerlingen

Refrain: Lalala la la, lalala la la …

2. Wenn einer sagt: „Ich brauch dich, du, ich schaff es nicht allein", dann kribbelt es in meinem Bauch, ich fühl mich nicht mehr klein.
Refrain: Lalala la la, lalala la la …

3. Wenn einer sagt: „Komm, geh mit mir, zusammen sind wir was!", dann werd ich rot, weil ich mich freu, dann macht das Leben Spaß.
Refrain: Lalala la la, lalala la la …

4. Gott sagt zu dir: „Ich hab dich lieb. Ich wär so gern dein Freund! Und das, was du allein nicht schaffst, das schaffen wir vereint."
Refrain: Lalala la la, lalala la la …

Märchen: Der Riese mit dem Herz aus Stein

Es war einmal ein einsamer Riese. Er lebte alleine in einer Felsenhöhle. Niemand traute sich in seine Nähe. Keine Fledermaus, keine Spinne, keine Maus, kein Käfer, kein Bär. Und das hatte einen Grund: Der Riese hatte ein Herz aus Stein und sein Atem war frostig. Alles in seiner Nähe erstarrte zu Eis. Der Riese fühlte keine Kälte, keine Wärme, keine Freude. Und das ging schon lange so, bestimmt hundert Jahre lang. Eines Tages entdeckte der Riese in einem Spalt seiner Höhle etwas Rotes. Er griff danach und hielt ein rotes Blütenherz in seinen Händen. Auf einmal spürte der Riese Wärme durch seinen Körper strömen und sein Herz begann vor Aufregung zu pochen: „Bummdibummdibumm!" Verwundert sah er, wie das Eis in seiner Höhle zu schmelzen begann. Da hörte er von draußen ein leises Wimmern. Er verließ seine eisige Höhle und konnte zum ersten Mal die wärmenden Sonnenstrahlen fühlen. Sie kitzelten seine Nase: „Hatschi!" Als er aufschaute, erblickte er eine kleine zappelnde Blumenfee mit zerzaustem Haar und zerrissenem rotem Blütenkleid. Sie steckte in einem Felsspalt fest. Verzweifelt versuchte sie, sich zu befreien. Doch es gelang ihr nicht. Da bekam der Riese Mitleid. Behutsam befreite er den Fuß der kleinen Fee und gab ihr das rote Blütenherz zurück. „Danke, lieber Riese!", rief die kleine Blumenfee. Seit diesem Tag war die Kälte aus seinem Herz und aus seiner Höhle für immer verschwunden. Der Riese war überglücklich, denn nun konnte er lachen und fühlen, und er hatte eine Freundin gefunden. Manchmal kamen auch der große Bär und die kleine Maus zu Besuch und sie feierten zusammen fröhliche Feste.

Regina Bestle-Körfer

Massagespiele

Pizza backen: Ein Kind liegt auf dem Bauch auf einer Decke, ein anderes kniet daneben und „backt" eine Pizza auf seinem Rücken: Zuerst den Teig kneten – *mit den Fingerspitzen über den Rücken kreisen.* Tomatensoße auftragen – *mit den Handflächen über den Rücken reiben.* Die Pizza belegen – *mit den Fingerspitzen über den Rücken tippen.* Die Pizza im Ofen für zehn Minuten backen – *Die Hände auf das Kind legen und bis zehn zählen.*

Waschstraße: Zwei lange Reihen bilden, so dass sich immer zwei Kinder nah gegenüberstehen. Alle strecken Arme und Hände aus und bilden die „Waschstraße". Ein Kind geht hindurch und wird von vielen kreisenden Händen sanft massiert.

Rückenmalen: Die Kinder sitzen oder stehen in einer Reihe hintereinander. Sprechen Sie das Gedicht: „Punkt, Punkt, Komma, Strich – fertig ist das Mondgesicht. Oben kommen Haare dran, Ohren, dass er hören kann, Hals und Bauch hat er auch, Arme noch und Beine dran, fertig ist der kleine Mann!" *(Alle „malen" das Gesagte mit dem Zeigefinger auf dem Rücken des vorderen Kindes.)*

Weiterführende Literatur

Bauer, Joachim: Warum ich fühle, was du fühlst: Intuitive Kommunikation und das Geheimnis der Spiegelneurone; Heyne 2006

Bauer, Joachim: Wie wir werden, wer wir sind: Die Entstehung des menschlichen Selbst durch Resonanz; Heyne 2022

Bestle-Körfer, Regina: Das Kindergarten-Gefühlebuch; Herder 2017

Bestle-Körfer, Regina: Projekte in der Kita – Baby; Herder 2022

Bestle-Körfer, Regina: Projekte in der Kita – Gefühle; Herder 2022

Kitzing, Constanze von: Ich mag … schaukeln, malen, Fußball, Krach; Carlsen 2016

Korte, Martin: Wie Kinder heute lernen – Was die Wissenschaft über das kindliche Gehirn weiß; DVA Sachbuch 2009

Kunkel, Daniela: Das kleine Wir; Carlsen 2016

Kunkel, Daniela: Das kleine Wir im Kindergarten; Carlsen 2021

Llenas, Anna: Das Farbenmonster; Christophorus 2021

Shanker, Barker et al.: Das überreizte Kind: Wie Eltern ihr Kind besser verstehen und zu innerer Balance führen. Mit der weltweit bewährten Methode der Selbstregulierung; Goldmann 2019

Stamer-Brandt, Petra: Projektarbeit in der Kita; Herder 2018

Autorinnenvita

Regina Bestle-Körfer ist Autorin und Diplom-Sozialpädagogin. Seit über 20 Jahren schreibt sie Beschäftigungsbücher für den vorschulischen Bereich und ist in der Beratung Übergang Kita-Grundschule in einem Schulamt tätig.